사역훈련 III

소그룹 환경과 리더십

국제제자훈련원은 건강한 교회를 꿈꾸는 목회의 동반자로서 제자 삼는 사역을 중심으로
성경적 목회 모델을 제시함으로 세계 교회를 섬기는 전문 사역 기관입니다.

평신도를 깨운다 사역훈련 III

소그룹 환경과 리더십

초판 1쇄 발행 1999년 5월 10일
개정 5판 5쇄(41쇄) 발행 2020년 2월 14일

지은이 옥한흠

펴낸이 오정현
펴낸곳 국제제자훈련원
등록번호 제2013-000170호(2013년 9월 25일)
주소 서울시 서초구 효령로68길 98(서초동)
전화 02)3489-4300 **팩스** 02)3489-4329
이메일 dmipress@sarang.org

ISBN 978-89-5731-230-8
ISBN 978-89-5731-130-1 03230(세트)

※ 책값은 뒤표지에 있습니다. 잘못된 책은 구입하신 곳에서 교환해 드립니다.

사역훈련 Ⅲ

소그룹 환경과 리더십

옥 한 흠

국제제자훈련원

사역훈련이란 무엇인가?

지금까지 한국 교회는 평신도가 하나님의 말씀을 가지고 다른 형제(자매)들을 섬기는 사역에 대해 매우 소극적이었다. 주일학교에서 가르치거나 구역에서 예배를 인도하는 데 소수의 평신도를 참여시키는 것이 고작이었다. 평신도가 말씀 사역에 봉사할 수 있도록 체계적으로 훈련시키는 일에는 거의 손을 쓰지 못하고 있었다고 해도 과언이 아니다. 대개가 겉으로 판단해서 믿음이 좋고 은사가 있어 보이면 무조건 일을 시키는 형편이었다. 그 결과 교회 안에 문제도 많이 일어났고, 대다수의 평신도가 아까운 젊음과 은사를 낭비하면서 신앙 생활을 하는 타성에서 벗어나지 못하고 있다.

사역훈련이란 제자훈련을 받은 사람 중에서 여러 가지로 보아 말씀을 가지고 다른 형제들을 섬길 수 있는 자들을 선발해 준비시키는 과정이라고 할 수 있다. 제자훈련은 평신도를 예수처럼 되게 하고, 예수처럼 살 수 있는 신앙인으로 세워주는 데 그 초점을 맞추고 있지만, 사역훈련은 교회 안에서 교역자의 지도 아래 말씀을 가지고 다른 형제(자매)를 섬길 수 있는 '작은 목사'를 만드는 데 그 목적을 두고 있다고 할 수 있다.

이것은 교역자의 분신(分身)이 되어 목회를 돕는 평신도 지도자를 발굴하는 대단히 중요한 의미를 지닌 일이다. 제자훈련을 받은 자가 빠짐없이 말씀 사역에 뛰어들 수 있으면 좋겠지만 실제로는 그렇지 못하다. 그래서 제자훈련을 받은 다음 각자의 은사에 따라 어떤 일에 봉사해야 할 것인가를 결정할 필요가 있다.

교회 안에서 말씀을 가르치는 일만 중요한 것이 아니다. 은사를 받은 대로 봉사해야 할 영역은 얼마든지 있다. 교회는 다양한 은사를 가진 다양한 지체를 필요로 하는 그리스도의 몸이다. 그러므로 사역훈련을 받는다고 해서 특별한 신분이나 된 것처럼 교만해서는 안 된다. 단지 말씀 사역이 가장 근본적인 영역이고 그만큼 어려운 일이어서 다른 영역에서 봉사하는 자들보다 더 많은 준비와 훈련을 쌓아야 한다는 점이 다르다는 것을 알아야 한다.

말씀 사역에는 무거운 책임이 뒤따른다. 조금이라도 성경 말씀을 잘못 해석하거나 가르치면 치명적인 해를 끼칠 수 있는 것이 바로 말씀 사역이다. 그러므로 남보다 더 많이 준비해야 하는 것이다. 다른 한 편으로 말씀 사역을 잘할 때는 어느 영역의 봉사자도 맛볼 수 없는 보람과 기쁨을 얻을 수 있다. 죽었던 영혼이 살아나고, 병들었던 영혼이 새롭게 되고, 가난한 영혼이 하늘의 부요함을 맛보는 기적들이 말씀 사역에서 일어나기 때문이다.

그러므로 이 일에 부름을 받은 자는 남다른 준비와 노력을 해야 하는 것이다. 사역훈련에 부름을 받은 사람은 부서지기 쉬운 질그릇에 지나지 않는 자기 자신을 귀한 사역에 불러 주신 주님께 감사와 찬양을 돌려야 할 것이다. 그리고 훈련을 받을 동안 더 큰 말씀의 은사를 달라고 기도해야 한다. 동시에 성령의 영감을 갑절이나 받기를 사모해야 할 것이다. 한 영혼을 사랑하는 마음이 불타야 하고, 어떤 사람이라도 포용할 수 있는 바다같이 넓은 마음을 얻어야 할 것이다. 그리고 자신의 인격과 삶이 예수 그리스도를 닮아가기에 부족하지 않도록 바울처럼 부단히 자신을 쳐 복종시켜야 할 것이다. 그래서 이사야 선지자가 오래 전에 꿈을 꾼 메시아 시대의 대장부들이 되어야 할 것이다.

"네 백성이 다 의롭게 되어 영원히 땅을 차지하리니 그들은 내가 심은 가지요, 내가 손으로 만든 것으로서 나의 영광을 나타낼 것인즉, 그 작은 자가 천 명을 이루겠고 그 약한 자가 강국을 이룰 것이라. 때가 되면 나 여호와가 속히 이루리라"(이사야 60장 21, 22절).

유의 사항

사역훈련을 만족스럽게 받으려면 다음의 몇 가지 유의 사항을 잘 지켜야 할 것이다.

1. 지도자를 사랑하고, 신뢰하며, 그를 위해 열심히 기도해 주어야 한다.

2. 결석을 하거나 중도에 하차하지 않도록 각별히 노력해야 한다. 한두 번의 고비가 있을지 모르지만, 그 때마다 도와주고 아껴 주어야 할 것이다.

3. 교재 예습을 반드시 해야 한다. 예습을 하는 것과 하지 않는 것은 대단한 차이가 있다. 똑같은 시간을 소비하면서 얻는 수확이 남만 못하다면, 그것은 참을 수 없는 일이다. 예습을 하지 않은 데서 오는 손해를 후에 보상받을 생각은 하지 않는 것이 좋다.

4. 매주 가정에서 준비해 와야 하는 과제들을 소홀히 다루지 않도록 노력하자. 처음부터 숙제를 철저하게 하는 습관을 몸에 익히는 것이 좋다.

5. 전인격적인 훈련의 기회로 삼아야 한다. 머리만 움직이는 사람은 차가운 이론가는 될지 모르나 주님을 사랑하는 제자는 될 수 없다. 우리의 지·정·의가 모두 집중되는 훈련이라야 성령의 놀라운 개입을 체험할 수 있게 된다. 말씀을 배웠는가? 그 말씀을 안고 기도하라, 기도는 배운 바를 마음에 담는 작업

이다. 그리고 즉시 그 말씀을 실천의 장으로 옮겨 놓으라. 이렇게 말씀을 배우고, 깨닫고, 실천하는 과정에서 자신도 모르는 사이에 주님을 닮아가는 자신을 발견하게 될 것이다.

"내가 주의 법을 어찌 그리 사랑하는지요. 내가 그것을 종일 작은 소리로 읊조리나이다"(시편 119:97).

6. 훈련받는 동안 말씀 사역을 위해 필요한 은사를 계속 발굴해야 한다. 그리고 말씀을 가르치는 일에 이미 종사하고 있는 형제들을 주의 깊게 관찰하면서 장단점을 파악하여 좋은 점들은 즉시 자기의 것으로 만드는 적극성을 보이는 것이 좋다.

7. 가정에서 식구들을 앉혀 놓고 성경을 가지고 지도하는 훈련을 조금씩 쌓는다면 그 열매는 엄청날 것이다.

8. 기도의 능력을 얻도록 최선을 다해야 한다. 메마른 구름이 아니라 비를 몰고 오는 구름이 되려면 기도 외에는 다른 길이 없다는 것을 항상 명심하고 훈련을 받는 것이 좋다.

소그룹 환경과 리더십

3권에서는 잘 훈련된 평신도 지도자가 작은 목사로서 구역이나 다락방과 같은 소그룹을 인도하는 데 도움이 될 기본적인 몇 가지 이론을 공부하게 된다. 평신도가 소그룹 모임을 인도하려면 소그룹이라는 교육 환경이 왜 중요하며 여기에 어울리는 리더십과 지도 방법이 무엇인가를 이론적으로 알고 있어야 한다. 그렇게 할 때 효과적이고 창의적인 리더십을 발휘할 수 있기 때문이다. 그리고 이론을 배운 다음에는 약간의 실습과 거기에 따른 평가를 받을 필요가 있다.

어떤 방법을 통해서든지 자신의 능력을 객관적으로 평가받을 수 있다면, 그것은 앞으로의 발전을 위해 매우 값진 자산이 될 수 있을 것이다.

차례

1
소그룹 성경 공부의 교육 환경

교회 안에서 평신도가 말씀을 배우며 서로 교제하는 환경으로
열 명 내외의 소그룹이 가장 이상적이라는 사실은
이미 여러 가지 연구와 실례를 통해 입증되었다.
대부분의 평신도 훈련들이 소그룹 형태를 통해 이루어지는 이유도
소수의 환경이 다수의 환경보다 더 효과적이라는 데 있다.
소그룹을 인도하기 위해 준비 중인 평신도 지도자는
소그룹의 특성과 운영에 대해 이론적으로
연구를 해 두지 아니하면 안 된다.
이미 상당한 기간 동안 제자훈련과 소그룹을 참석하면서
소그룹의 체질을 잘 익혀 두었기 때문에
큰 어려움은 없겠지만, 이론적으로 정리를 하면
지도자로서 확신을 가질 수 있고
창의적인 적용을 하는 데 큰 도움이 될 것이다.

1. 소그룹 환경을 신앙 훈련에 가장 많이 활용한 선구자는 예수님이다. 이것은 4복음서를 몇 곳만 찾아보아도 금방 알 수 있는 사실이다.

    1) 예수님은 열두 명의 제자를 선택하시고 그들과 의사소통을 자유롭게 할 수 있는 교육 환경을 만들어 주셨다. 그 이유를 생각해 보라. (마가복음 3:13~15)

    _____

    _____

    _____

    -

    -

    -

    2) 제자들은 전혀 기대하지 못한 특별한 지도를 받을 수 있었다. 그 예를 하나 들어 보라. (마태복음 13:34~36)

    _____

    _____

    _____

    -

    -

    -

3) 예수님의 이러한 교육 방법을 보면서 무슨 생각이 드는지 적어
   보라.

   _____

   _____

   -

   -

2. 초대 교회는 예수님의 모범을 따라 소그룹 중심의 신앙 훈련과 성
   도의 교제를 많이 하였다.

   1) 예루살렘 교회는 수천 명의 집회와 수 명의 가정 모임을 적절하
      게 활용하고 있었다. 그 예를 들어 보라. (사도행전 2:46)

      _____

      _____

      -

      -

      -

   2) 학자들의 연구에 의하면 고린도교회는 20~30개의 가정 교회로
      구성되어 있었다고 한다. 가정 교회의 분위기가 영적으로 주는
      유익이 무엇이라고 생각하는가?

      _____

      _____

      -

      -

      -

3. 소그룹이 현대 교회에서 특별한 관심의 대상이 되는 이유에 대한 학자들의 설명은 세 가지로 정리될 수 있다.

1) 현대 교회가 새로워지려면 초대 교회 시대의 가정 교회 형태로 복귀하지 아니하면 안 된다는 것이다. 당신도 여기에 동의하는가?

_____

_____

- -

- -

- -

2) 소그룹 모임이 고독한 현대인들에게 안정감과 소속감을 느끼게 해줄 수 있다고 한다. 이런 견해에 대해 당신도 공감하는가?

_____

_____

- -

- -

- -

3) 소그룹 모임은 서로 함께 배우고, 함께 은혜를 나누고, 함께 자랄 수 있는 탁월한 기능을 가지고 있기 때문에 현대 교회가 신앙 교육을 위해 이런 환경을 만들어 주는 것이 절대적으로 필요하다는 것이다. 당신은 어떻게 생각하는가?

_____

_____

- -

- -

- -

4. 소그룹에서는 그 분위기 때문에 소그룹 구성원이 정서적으로나 영적으로 치료되는 경우가 많이 있다. 이러한 요인들을 '치료 요소'라고 부르는데, 대략 다섯 가지 정도로 정리해 볼 수 있다.

1) '일반화'라는 요소가 있다. 작은 모임에 나와 서로 마음을 털어놓다 보면 평소에 자기 혼자만 가지고 있는 문제라고 생각했던 것이 다른 형제(자매)에게도 있는 것을 발견하게 된다. 다시 말해서 한 배를 탄 사람이 많다는 사실을 알게 되는 것이다. 당신은 이러한 경험을 한 적이 없는가?

_____

_____

- -

- -

- -

2) '인간 상호 관계 학습'이라는 좀 어려운 요소가 있다. 이것은 다른 형제(자매)들을 통해 자신이 무엇인가를 배우고 발견하는 것을 말한다. 소그룹 안에서는 다른 사람 때문에 자신의 장단점이 무엇인지를 알게 되며, 자신의 개성이 어떤 점에서 문제가 있는지를 구체적으로 인식하게 된다. 당신은 제자훈련 모임에서 다른 형제(자매)들을 통해서 자신의 어떤 점들을 배우고 발견하게 되었는지 말해 보라.

_____

_____

- -

- -

- -

3) '그룹 애착심' 이라는 요소가 있다. 자기가 소속한 모임을 무척 사랑하고 귀히 여기는 마음을 가리키는 것이다. 모임이 마음에 들면 들수록 애착심은 더 강해진다. 당신은 사역반에 대해 어느 정도의 애착심을 가지고 있는가? 그리고 애착심이 강할 때 사역반으로부터 배운 것이 얼마나 당신의 생각과 생활에 영향을 주는지 말해 보라.

---

4) '모방' 이라는 요소도 중요하다. 작은 모임에서는 구성원들의 거의 모든 것을 알게 된다. 그러면 좋은 점을 가진 형제(자매)를 자기도 모르게 모방하려는 성향이 강하게 나타난다. 그의 자세, 신앙 생활, 습관, 심지어 개성까지 닮으려 든다. 특히 좋은 인도자가 인도하는 모임에서는 모두가 인도자를 닮아 가는 현상을 쉽게 볼 수 있다. 당신이 사역반에서 다른 형제(자매)나 인도자를 모방하려고 한 것이 있으면 말해 보라.

---

5) '카타르시스'라는 말을 들어 본 일이 있는가? 이것 역시 매우 중요한 치료 요소 가운데 하나라 할 수 있다. 감정을 확 풀어놓음으로써 정서적인 안정과 평온을 찾게 하는 현상을 말한다. 소그룹 모임은 감정을 쉽게 흡수할 수 있는 분위기를 잘 만들어 준다. 그래서 마음속 깊이 덮어두었던 감정적인 것들을 털어놓는 일이 흔하다. 감정을 풀고 나면 누구든지 시원함을 맛볼 수 있다. 당신은 이런 경험을 한 적이 없는가?

소그룹의 유익

의미 있는 관계(일대일을 포함하여)는 소그룹의 환경 안에서 최선의 결과를 가져온다. 소그룹 사역을 통해 사람들을 사귀게 하는 것은 교회가 해도 되고 안 해도 되는 그런 선택 사항이 아니다. 소그룹 자체가 가장 작은 교회인 것을 알아야 한다. 이런 사귐이 없이는 사람들이 단지 교회에 출석하는 것이지, 참여하는 것은 아니다. 하나님의 뜻에 따라 서로 사랑할 때 소그룹의 구성원들은 그리스도께서 약속하신 생명을 가장 깊이 체험할 것이다. 이 사랑은 혁신적으로 사람들을 변화시키며 그 능력을 나타낸다. 이런 영적인 성숙을 의도적으로 이루어 내지 않는 그룹이 있다면, 그들은 그리스도인들이 모여 있는 그룹일 뿐 성공적인 소그룹은 아니다.

- 빌 도나휴 -

소그룹이란 그 자리에 모인 사람들 사이에 인격적인 상호 작용이 일어날 수 있는 교육 환경을 말한다. 그러기 위해서는 개인이 실종되지 않는 범위 내에서 모일 수 있어야 한다. 예수님은 이와 같은 소그룹을 애용한 점에 있어서 선구자적인 위치에 계신다. 그는 제자들과 보낸 3년 동안의 경험과 결과를 가지고 소그룹의 성격과 기능에 대해 웅변적으로 증명하고 계신다.

- 옥한흠 -

2
소그룹 성경 공부와 리더십

성경 공부를 중심으로 모이는 소그룹 리더는 반드시 훈련받고,
교회가 공식적으로 인정하는 사람이어야 한다.
교회의 세포 조직이라고 할 수 있는 소그룹이 건강하게 성장하면
전 교회가 풍성한 생명을 누리게 되고,
소그룹이 병들면 전 교회가 나약해지고 만다.
그러므로 소그룹 리더는 분명한 목적을 가진 훈련 프로그램을 통해
준비되지 않으면 안 된다.
신앙의 동질성을 형성하고 교회가 지향하는 목표에 도달하기 위해
리더는 반드시 교역자를 통해 만들어져야 한다.
교회 안에서 소그룹을 인도하는 리더의 형태는
그 그룹이 모이게 된 목적에 따라 달라질 수 있다.
지금 우리가 생각하는 리더십은
성경 공부를 통한 영적 성장과 성도의 교제, 그리고 지역 사회의 복음화 등의
목적으로 모이는 작은 모임을 위한 것이다.
그러면 어떠한 스타일의 리더가 가장 바람직한 방향으로
이와 같은 소그룹을 인도할 수 있을까?
대단히 중요한 질문이다.

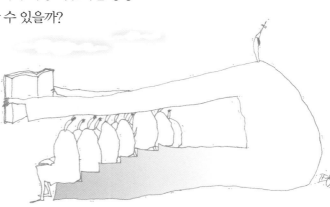

1. 교회에서 소그룹 성경 공부를 인도할 때 평신도 지도자는 반드시 담임목사를 통해 훈련받지 아니하면 안 된다. 그 이유는 대략 다음과 같다.

1) 교회의 질서를 세우기 위해서 그렇게 해야 한다. 아무나 사람들을 모아 놓고 여기저기서 성경을 가르치는 일이 일어나면 교회는 심각한 영적 혼란에 빠질 위험이 대단히 크다. 당신은 이 점에 대해 동의하는가?

_____

_____

_____

- -

- -

- -

2) 평신도 지도자가 담임목사의 목회 철학을 이해하고, 거기에 동의하기 위해 그렇게 해야 한다. 교역자로부터 직접 훈련을 받지 아니한 사람은 지도자의 철학을 알지 못한다. 그런 사람은 쉽게 교역자와 불편한 관계를 유발할 수 있다. 당신은 담임목사의 목회 철학을 알고 있는가? 그 내용을 적어 보라.

_____

_____

- -

- -

- -

- -

3) 평신도 지도자가 리더로서 어느 정도의 권위를 가지기 위해서 그렇게 해야 한다. 담임목사를 통해 훈련을 받고 교회가 주는 직분을 가지고 지도하는 사람과 그렇지 못한 입장에서 지도하는 사람은 어떤 점에서 큰 차이가 있다고 생각하는가?

_____

_____

_____

2. 훌륭한 소그룹 지도자가 반드시 지녀야 할 기본적인 요건들이 있다. 그것은 가정에서 부모가 가지고 있는 리더십의 요건과 거의 일치하는 것이다.

1) 가정에서 부모가 가진 리더십의 특징을 몇 가지로 정리하여 보라.

_____

_____

_____

2) 왜 소그룹에서는 리더가 가정의 부모와 비슷해야 한다고 생각하는가?

_____

_____

_____

3) 일반적으로 주일학교 교사나 구역장 심지어 교역자까지 부모형 리더십을 갖추지 못하고 있는 경우가 허다하다. 이들이 학생들에게 미치는 영향이 얼마나 큰가를 말할 수 있는가?

_____

_____

_____

_____

_____

_____

3. 일부에서는 소그룹 리더 스타일을 체육계의 코치와 비교하는 사람도 많다. 코치가 하는 일은 주로 선수 발굴, 훈련, 전략 세우기, 게임 운영, 승부에 대한 전적인 책임감, 필드에 나타나지 아니함 등을 꼽을 수 있다. 코치형 리더십은 주로 제자훈련을 담당한 교역자에게 해당하는 것들이다. 그러나 평신도 지도자가 놓치지 말아야 할 한두 가지 원리가 있다. 그것을 지적하고 이유를 설명하라.

1) 성경 공부 그룹에서는 코치의 어떤 점을 리더가 본받아야 하는지 말하고, 그 이유를 설명하라.

_____

_____

_____

_____

_____

2) 소그룹 성경 공부 리더는 코치처럼 벤치에서 사인만 보내고 그룹에 참석한 사람들은 선수처럼 경기장에서 뛰어야 한다면, 이것이 실제로 어떻게 하는 것인지 말하라.

_____

_____

- -

- -

- -

3) 소그룹에서 리더가 자기 혼자 백과사전처럼 대답하고 강단에 선 설교자처럼 혼자서 다 말한다고 가정해 보자. 왜 이것이 소그룹에는 어울리지 않는다고 생각하는가?

_____

_____

- -

- -

- -

4. 소그룹에서는 리더와 모인 사람들 사이에 보이지 아니하는 긴장감이 흐를 수 있다. 리더의 권위가 크면 그만큼 그룹의 자유가 축소된다. 반대로 리더의 권위가 약하면 그룹의 자유는 그만큼 강화된다. 쉬미트의 도표를 보면 좀 더 구체적으로 확인할 수 있다.

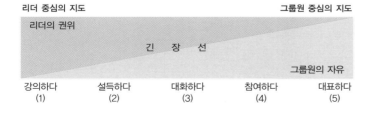

1) 도표를 설명하라.

_____

_____

- -

- -

- -

2) 리더가 혼자서 이야기를 다하는 1번은 교회에서 어떤 경우에
   많이 이용되고 있는가?

_____

_____

_____

- -

- -

3) 제자반과 사역반에서는 1~4번까지를 다 활용하는 편이다. 공
   부 내용에 따라 인도자는 그 가운데 한 가지를 적절하게 선택할
   수 있다. 제자훈련에서는 어느 것을 가장 많이 이용하였다고 보
   는지 말하라. 그리고 사역훈련에서는 어떤가?

_____

_____

_____

- -

- -

- -

4) 평신도 지도자가 인도할 소그룹에서는 어느 형의 리더십이 가장 바람직하다고 보는가? 그리고 그 이유를 말하라.

_____

_____

_____

_____

_____

_____

_____

_____

_____

5) 나머지 5번 유형 리더십은 성경 공부를 하는 데는 적합하지 않다. 잡담이나 논쟁을 하는 시간으로 낭비할 위험성이 많다. 왜 그렇다고 생각하는가?

_____

_____

_____

_____

_____

_____

_____

5. 소그룹 리더는 다음과 같은 성격상의 약점을 가지고 있으면 안 된다. 어떻게 해서라도 그 약점을 수정해야 성경 공부를 인도할 수 있다. 다변형, 흥분형, 냉정형, 이기주의형, 교만형, 권위형, 독점형, 질투형, 부정형, 소심형, 우유부단형 등이다.

1) 당신에게 가장 문제가 된다고 생각하는 성격 유형은 어느 것인가?

_____

_____

- -

- -

- -

2) 훈련을 받으면서 성격상의 결함을 고침받은 것은 없는가?

_____

_____

- -

- -

- -

3) 아직 고치지 못한 성격을 어떻게 하면 고칠 수 있다고 생각하는가?

_____

_____

- -

- -

- -

4) 지금까지 훈련을 받는 동안 전에는 알지 못했던 자기 성격의 좋
   은 점을 발견한 것이 있으면 말하라.

_____

_____

- -

- -

- -

부모 같은 리더

대부분의 교회에는 영적으로 어린 성도들이 많이 있지만, 그들을 책임지고 돌볼 영적인 부모는 적다. 그러나 누구든지 배가하기를 원한다면 부모가 그 자녀를 책임지듯 다른 사람의 삶에 대해 사랑의 책임을 져야 한다. 바울은 데살로니가에 있는 그리스도인들에게 때로는 어머니로서, 때로는 아버지로서 봉사했다. (데살로니가전서 2:7, 11) 아버지나 어머니는 일대일이라는 유일한 방법으로 자녀들을 훈련시킬 수 있다. 세 살짜리는 열 살짜리와는 다른 필요를 가지고 있다. 교회 안에서의 영적 필요들 역시 지도자의 개인적인 관심과 훈련에 의하여 가장 잘 충족될 수 있다. 제자 삼는 부모가 된다는 것이 쉬운 일은 아니다. 이 일에는 사랑과 훈련으로 치러야 할 값이 있다. 그러나 다른 사람의 삶 속에 파고들어가 하나님의 은혜를 영원토록 예탁해 놓는다는 것은 참으로 온 교회가 그런 기회를 얻으려고 달려갈 만큼 크나큰 특권이다! 왜냐하면 일단 다른 사람의 삶에 영적 투자가 이루어지면, 당신은 영원에 이르기까지 그 삶을 통해 거두어들여진 영원한 상급과 영광을 함께 나누게 될 것이기 때문이다.

바울은 이 점에 관하여 그가 훈련시켜 성장하는 그리스도인들에게 쓴 편지에서 이렇게 적고 있다.

"너희는 우리의 영광이요, 기쁨이니"(데살로니가전서 2:20).

우리는 영적 부모로서 제자들을 사랑하고, 먹이고, 보호하고, 훈련시킬 4중의 책임을 지니고 있다.

― 웨이런 B. 모어 ―

3
귀납적 성경 연구 개관

소그룹에서 성경 공부를 할 때 어떠한 방법이 가장 바람직한가?
이 질문은 작은 모임을 어떻게 운영하는 것이
효과적인가를 묻는 질문과 같다.
일반적으로 유기적인 소그룹에서는 그 모임의 성격과 목적에
일치하는 방법을 택할 때에만 만족할 만한 결과를 기대할 수 있다고 한다.
귀납적 성경 공부 방법이 종래의 연역적 방법에 비해
소그룹에 잘 어울리는 특성을 가지고 있다는 사실은 이미 잘 알려져 있다.
귀납적으로 말씀을 다루는 환경에서는 참석자들이 인도자의 지도 아래
 적절한 질문을 사용하여 전체가 함께 성경 본문을 관찰, 해석, 반응, 적용하는
단계를 거치면서 진리에 접근하게 된다.
이런 자리에서 한 사람 한 사람은 중요하고 평등하다.
리더가 말하고 나머지 사람은 끝까지 들으면서
진리에 접근하는 것이 아니라 서로 의견을 나누면서 함께 전진하는 것이다.
그리하여 그들이 함께 얻은 진리를 기뻐하고
서로의 경험을 공유하는 감격을 맛보게 된다.

1. 성경 연구에는 두 가지 측면에서 균형이 필요하다. 사도행전 17장 11절 말씀을 읽고 아래 질문에 답해 보라.

   1) 본문에서 발견할 수 있는 성경을 공부하는 두 가지 방법은 무엇인가?

   _____

   _____

   -

   -

   -

   2) 당신은 이 두 가지 방법의 균형을 갖고 있는가? 아니면 어느 쪽에 치우쳐 있는가?

   _____

   _____

   _____

   -

   -

   -

   3) 왜 균형이 필요하다고 생각하는가? 균형을 잃을때 어떤 부작용이 나타날 수 있다고 생각하는가?

   _____

   _____

   _____

   -

   -

   -

2. 개인적인 성경 연구에 있어서 귀납적인 방법은 매우 효과적이다.
   '귀납적 성경 연구'란 무엇이며, 그것이 지닌 특징이 어떤 것인지
   검토하자.

   1) 성경연구의 방법에 있어서 연역적인 방법과 귀납적인 방법에
      대해 어떻게 이해하고 있는지를 나누어보자. 자연스럽게 나눈
      후 지도자의 설명을 들어보자.

   _____

   _____

   _____

   -

   -

   -

   2) '귀납적 성경 연구'라는 말은 하나님의 말씀을 내 것으로 소화
      하는 과정을 두고 붙인 용어이다. 당신이 매주 하고 있는 D-QT
      는 귀납적 성경 연구의 구체적이고 실제적인 예라고 할 수 있
      다. 당신이 하고 있는 D-QT의 과정을 떠 올려보라. 그리고 귀
      납적인 방법으로 말씀을 연구할 때 거치는 과정을 자신의 경험
      을 생각하며 하나씩 설명해 보라.

   ● 내용 관찰

   _____

   _____

   _____

   -

   -

   -

● 해석(연구와 묵상)

_____
_____
_____
- -
- -
- -
- -

● 느낌 (반응)

_____
_____
_____
- -
- -
- -

● 적용

_____
_____
_____
- -
- -
- -

3) 당신에게 위의 4가지 과정 중 가장 힘들게 느껴지는 과정은 어디며 왜 그런지 나누어 보라.

- -

- -

- -

4) 이 방법을 알기 전, 당신은 어떻게 말씀을 읽고 묵상해 왔는가? 이전에 성경을 연구하던 방법과 D-QT가 어떤 점에서 차이가 나는지 자신의 경험을 근거로 생각해 보라. 그리고 그 방법과 귀납적인 방법을 비교해 볼 때 귀납적인 방법에 어떤 장점이 있다고 생각하는가?

- -

- -

- -

3. 귀납적인 방법이 우수한 점을 많이 가지고 있다고 해서 연역적인 방법이 잘못된 것이라고 말해서는 안 된다. 연역적 방법 역시 장점을 가지고 있어 상황과 필요에 따라 적절히 사용할 수 있다. 그러나 일반적으로 소그룹에서 함께 말씀을 공부할 때는 귀납적 방법이 더 효과적이다. 귀납적인 방법은 앞서 공부한 바대로 소그룹이라는 환경이 가진 장점들을 극대화시킨다. 물론 개인적으로 말씀을 묵상할 때에도 귀납적인 방법은 여러 가지 장점을 가지고 있다. 이제 연역적 방법과 귀납적 방법의 차이와 특징을 좀더 살펴보도록 하자.

1) 귀납적인 방법과 연역적인 방법의 차이점을 다음의 몇 가지 사
   항으로 비교해 보라.

● 모임 형식

_____

_____

_____

- -

- -

- -

● 리더십의 형태

_____

_____

_____

_____

- -

- -

- -

● 의사전달 방법

_____

_____

_____

- -

- -

- -

● 참석자의 역할

_____

_____

_____

_____

_____

_____

_____

_____

2) 이렇게 비교해 볼 때 당신의 생각에 귀납적인 방법과 연역적인
   방법은 어떤 상황에서 어떻게 사용되면 좋다고 생각되는지 나
   누어 보라.

_____

_____

_____

_____

_____

_____

4. 특별히 소그룹에서 귀납적인 방법을 통해 함께 성경을 묵상하고
   나눌 때 소그룹이 가진 장점은 극대화된다. 때문에 소그룹 인도자
   는 귀납적인 방법으로 소그룹을 이끄는 것이 무엇을 의미하는지
   를 이해하고, 준비되어야 한다.

   1) 귀납적인 방법으로 소그룹을 인도한다는 것은 무엇을 의미하
      는가? 어떻게 인도하는 것이 귀납적인 방법으로 소그룹을 인도

하는 것이라고 생각하는가? 그러한 소그룹의 분위기는 어떠할까? 당신의 생각을 나누어 보라.

_____

_____

_____

- -

- -

- -

2) 귀납적 방법으로 소그룹을 인도할 때 가장 중요한 기술 중 한 가지는 '질문'이다. 왜 '질문'이 중요한가? 좋은 질문의 유익은 무엇인지 나누어 보라.

_____

_____

_____

- -

- -

- -

3) 여러분이 경험했던 소그룹 중 귀납적인 방법, 특별히 좋은 질문이 적절히 잘 사용되었던 경험이 있다면 나누어 보라. 그런 소그룹의 분위기는 어떠했는가?

_____

_____

- -

- -

- -

4) "좋은 질문은 산꼭대기에 앉아 큰 돌을 굴려 내리는 것과 같다"
는 말이 있다. 무슨 뜻이라고 생각하는가?

_____

_____

_____

_ _

_____

_ _

5. 개인적으로 성경을 연구하고 묵상하거나 소그룹 모임을 가질 때
귀납적인 방법으로 말씀을 묵상한다면 어떤 유익을 누릴 수 있다
고 생각되는가? 귀납적 성경연구 방법의 장점들을 당신의 경험과
이 과를 공부하면서 생각한 것들을 토대로 정리해 보라.

_____

_____

_____

_____

_____

_ _

_ _

_ _

_ _

귀납적 연구 방법의 유익

귀납적 방법은 지식 전달보다 인격의 변화, 다시 말해서 하나님이 주신 새 생명이 자라고 성숙하여 그리스도를 닮아 가도록 하는 데 역점을 두고 있다. 이런 이유로 연역적 방법에 비해 그 내용이 조직적이고 학문적이지 못한 결점을 가질 수 있다. 그러나 이런 결점이 사실은 장점으로 작용하고 있는 것이 귀납적 방법이다. 조직적이고 학문적인 교재를 앞에 놓으면 배우는 자가 스스로 발견할 수 있는 자유를 빼앗기기 때문이다. 신앙 인격이 바로 되면 체계적인 이론은 독서를 하거나 강의를 들으면서 얼마든지 보충할 수 있는 것이다. 우리의 문제는 많이 알지 못해서가 아니라 바른 인격이 되지 못한 데 있다는 것을 잊어서는 안 될 것이다.

– 옥한흠 –

4

귀납적 성경 공부의 실제(1): 관찰

성경 공부를 인도하는 리더는
본인이 성경 공부를 준비하면서 은혜를 받아야 한다.
가르치기 위한 목적으로 문제에 대한 답만을 준비한다든지,
지침서에 나온 어떤 지침만을 숙지해서는 안 된다.
성경 공부를 통해 참여하는 멤버들이 은혜를 받고
능력을 체험하려면 무엇보다도 리더가 중요하다.
리더가 먼저 소그룹에서 다룰 본문을 가지고
자신이 은혜를 받기 위해서 몸부림을 쳐야 한다.
그러기 위해서는 소그룹 성경 공부 교재를 준비하기 전에
본문에 대한 개인적 귀납적 성경 공부가 선행되어야 할 것이다.
귀납적 성경 공부의 진행 과정에 대한 개요는
지난 시간에 잠깐 훑어보았다.
오늘부터는 어떻게 개인적으로
귀납적 성경 공부를 할 것인가에 대해
구체적으로 다루고자 한다.

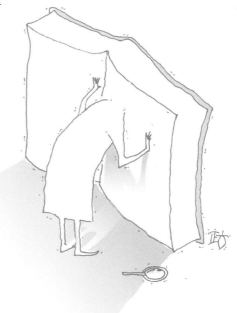

● 관찰을 공부하기에 앞서 귀납적 성경 연구의 전 과정을 도표로 살펴보면
아래와 같다.

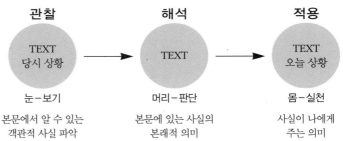

관찰	해석	적용
TEXT 당시 상황	TEXT	TEXT 오늘 상황
눈-보기	머리-판단	몸-실천
본문에서 알 수 있는 객관적 사실 파악	본문에 있는 사실의 본래적 의미	사실이 나에게 주는 의미

관찰이란 여러 차례 본문을 읽으면서 본문에 기록된 내용을 자세히,
그리고 정확하게 살피는 것이다. 정확성이 관찰의 생명이기 때문이
다. 관찰의 과정 없이 본문을 해석한다든지 성급하게 적용하는 것은
바람직하지 못한 태도이다. 아울러 기존에 가지고 있는 선입견은 관
찰에 장애가 된다. 따라서 본문을 처음이자 마지막으로 대한다는 느
낌으로 살펴보아야 한다.

1. 관찰의 가장 기본적인 단계는 본문과 친숙해지는 것이다. 친숙해
   지려면 본문을 반복해서 읽는 것이다. 그러나 단순히 읽는 것의
   반복은 큰 효과가 없다. 따라서 관찰자의 읽는 태도는 남달라야
   할 것이다. 다음 구절들을 가지고 성경을 읽는 바람직한 태도가
   무엇인지 살펴보라.

   사무엘상 3:10

이사야 34:16

_____

_____

- -

- -

요한복음 14:25, 26

_____

_____

- -

- -

고린도전서 2:14

_____

_____

- -

- -

베드로전서 2:2

_____

_____

- -

- -

2. 정확한 관찰을 하려면 먼저 무엇을 관찰할 것인가를 알아야 한다. 막연하게 성경을 여러 번 읽고 살피는 것보다는 몇 가지의 관찰 포인트에 근거하여 관찰하는 습관을 들인다면 관찰이 훨씬 수월한 작업이 될 것이다.

1) 문맥

본문이 어떠한 흐름 속에 있는지를 파악하기 위하여 전후 문맥을 살펴보는 것이 중요하다. 본문의 내용은 자체적으로 독립적이지 않다. 문맥을 무시할 때 이단과 같이 잘못된 성경 해석에 빠지는 위험에 처하게 된다. 당신은 그러한 실수를 한 적이 없는지 말해 보라. 또는 문맥을 무시하여 잘못 해석되는 성경의 사례를 알면 이야기해 보라.

• 마가복음 4장 35~41절의 전후 문맥을 살펴보라.

전 문맥

_____

_____

- - - - - - - - - - - - - - - - - - -

- - - - - - - - - - - - - - - - - - -

후 문맥

_____

_____

- - - - - - - - - - - - - - - - - - -

- - - - - - - - - - - - - - - - - - -

2) 단락 구분

여기에서 말하는 단락 나누기는 정확성이나 세밀한 구분을 요구하는 것이 아니다. 본문의 덩치가 너무 크면 그것을 한꺼번에 생각한다는 것이 쉽지 않다. 그러므로 본문을 몇 개의 꾸러미로 묶어 놓는 것이다. 가능하면 서로 연관성이 깊은 대목들을 중심으로 나누는 것이다. 그리고 어떤 기준으로 본문을 나누었는지를 분명히 하기 위해 소제목과 전체 제목을 달아 보는 것도 좋을 것이다.

단락 구분 실습 (마가복음 4:35~41)

	예	실습	다른 사람은
본문제목			
단락제목			

3) 강조점 파악

이렇게 전체를 파악한 후 보다 세부적인 관찰로 들어가는 것이
다. 그런데 우리가 관찰하는 것은 관찰 그 자체가 목적이 아니
다. 우리는 본문의 바른 의미를 밝혀내는 선결 작업으로 본문에
나타난 객관적인 사실을 관찰하는 것이다. 그러므로 관찰을 할
때 우리의 관심은 저자의 강조점을 파악하는 데 초점이 맞추어
져 있어야 한다. 저자의 강조점을 정확히 파악하기 위해서는 다
음의 작업이 필요하다.

① 같은 단어, 구(句), 절(節)이나 비슷한 말의 반복을 살펴보라.

에베소서 4:4~6

_____

_____

- -

- -

요한복음 3:1~15

_____

_____

- - - - - - - - - - - - - - - - - -

- - - - - - - - - - - - - - - - - -

- - - - - - - - - - - - - - - - - -

② 대조되는 것(서로 반대의 개념을 대비시킴으로 강조하는 용법)
　을 찾아보라.

요한복음 3:30

_____

_____

- - - - - - - - - - - - - - - - - -

- - - - - - - - - - - - - - - - - -

- - - - - - - - - - - - - - - - - -

요한일서 1:5~7

_____

_____

- - - - - - - - - - - - - - - - - -

- - - - - - - - - - - - - - - - - -

- - - - - - - - - - - - - - - - - -

③ 비교나 비유(유사한 개념을 대비하여 강조하는 말의 개념을 분
　명히 하는 것)를 찾아보라.

요한복음 3:8

_____

_____

- - - - - - - - - - - - - - - - - - - -

- - - - - - - - - - - - - - - - - - - -

잠언 11:22

_____

_____

- - - - - - - - - - - - - - - - - - - -

- - - - - - - - - - - - - - - - - - - -

④ 사건이나 이야기, 논리 등의 흐름을 주도하는 전치사와 접속사
　를 살펴보라.

마태복음 7:17

_____

_____

- - - - - - - - - - - - - - - - - - - -

- - - - - - - - - - - - - - - - - - - -

누가복음 12:22

_____

_____

- - - - - - - - - - - - - - - - - - - -

- - - - - - - - - - - - - - - - - - - -

⑤ 동사는 주어의 행동과 생각과 의지를 가늠할 수 있는 열쇠가 된다.

요한복음 3:16

_____

_____

_____

- - - - - - - - - - - - - - - - - - - -

- - - - - - - - - - - - - - - - - - - -

- - - - - - - - - - - - - - - - - - - -

⑥ 본문의 분위기를 살펴보는 것은 본문의 내용을 파악하는 데에 큰 도움이 된다. 마가복음 4장 35~41절의 분위기를 적어 보라.

_____

_____

_____

- - - - - - - - - - - - - - - - - - - -

- - - - - - - - - - - - - - - - - - - -

- - - - - - - - - - - - - - - - - - - -

4) 7대 원칙

이것은 설화체의 본문인 경우에 이용되는 방법으로서 본문을 효과적으로 관찰하는 방법이다. 다음 본문을 가지고 7대 원칙을 찾아보자.

• 마가복음 4:35~41

35 그 날 저물 때에 제자들에게 이르시되 우리가 저편으로 건너가자 하시니

36 그들이 무리를 떠나 예수를 배에 계신 그대로 모시고 가매 다른 배들도 함께 하더니

37 큰 광풍이 일어나며 물결이 배에 부딪쳐 들어와 배에 가득하게 되었더라

38 예수께서는 고물에서 베개를 베고 주무시더니 제자들이 깨우며 이르되 선생님이여 우리가 죽게 된 것을 돌보지 아니하시나이까 하니

39 예수께서 깨어 바람을 꾸짖으시며 바다더러 이르시되 잠잠하라 고요하라 하시니 바람이 그치고 아주 잔잔하여지더라

40 이에 제자들에게 이르시되 어찌하여 이렇게 무서워하느냐 너희가 어찌 믿음이 없느냐 하시니

41 그들이 심히 두려워하여 서로 말하되 그가 누구이기에 바람과 바다도 순종하는가 하였더라

언제 (When)

_____

_____

- -

- -

- -

어디서 (Where)

_____

_____

- -

- -

- -

누가 (Who)

무엇을 (What)

왜 (Why)

어떻게 (How)

_____

_____

- -

- -

그 결과 (Therefore)

_____

_____

- -

- -

- -

5) 관찰 정리

설화체의 경우 사건의 흐름을 정리하고, 강화체의 경우 논리의
흐름을 정리하되 장황하지 않고 간단 명료하게 기록한다.

_____

_____

- -

- -

- -

관찰의 중요성

성경을 공부하는 데 있어서 그 첫 번째 단계는 관찰의 과정이다. 여기서는 "본문에서 무엇을 보는가?"라는 질문을 제기하고 답변하게 된다. 시편 기자가 "내 눈을 열어서 주의 율법의 놀라운 것을 보게 하소서"(시편 119:18)라고 기도했을 때에 그는 관찰을 잘 할 수 있는 능력을 달라고 기도한 것이다. 그는 성령 하나님께서 계시해 주신 진리를 보고 통찰력을 얻게 해달라고 간구하였던 것이다.

성경을 공부하는 사람들 사이에 차이가 생기는 것은 무엇 때문인가? 더 잘 이해하는 사람은 단지 더 많은 것을 본다는 차이뿐이다. 성경 본문이 제공하는 자료는 누구에게나 동일한 것이지만, 같은 본문 안에서 얼마나 많은 것을 관찰하는가에는 차이가 있는 것이다. 혹 전에 읽었거나 공부했던, 혹은 배우기까지 했던 본문을 다른 분이 가르치거나 설교하는 것을 들어 본 경험이 있는가? 그 때에 "아니, 이게 정말 같은 본문인가? 어쩌면 저분은 저렇게 많은 것들을 발견하고 그 많은 진리들을 끄집어낼 수 있지?"하며 놀랐던 경험이 있는가? 그 이유는 바로 셜록 홈즈의 말 가운데 잘 나타나 있다. "그저 보는 것과 관찰하는 것 사이에는 엄청난 차이가 있다."

– 하워드 핸드릭스 –

5

귀납적 성경 공부의 실제(2) : 해석

관찰이 끝나면 해석하는 과정에 들어가게 된다.

해석이란 '본문이 의미하는 바가 무엇인가를 찾는 작업' 이다.

즉 본문의 의미를 명확하게 밝히는 과정을 말한다.

오늘날 성경을 열심히 읽고 연구한다는 사람들이

그릇된 길로 가거나 심지어는 이단의 길에 빠져버리는 경우도 있다.

이는 성경 본문 해석에 문제가 있기 때문이다.

즉 성경 본문이 의미하는 바를 바로 파악하지 못하고

아전인수격으로 어떤 목적성을 가지고,

혹은 감정적 차원에서 성경을 해석해 버리기 때문에

그러한 결과가 나타나는 것이다.

그러므로 성경 본문에 대한 올바른 해석 작업은 매우 중요하며,

말씀을 삶에 적용시키는 근거가 된다.

바른 해석만이 바른 적용을 낳는다.

'이 말씀이 나에게 무엇을 의미하는가' 가 아니라

'이 말씀이 원래 저자에게,

1차 수신자에게 무엇을 의미하는 것인가' 를

밝혀내는 것이다.

1. 중세 가톨릭에서는 성경은 성직자만 읽고, 해석하도록 했다. 특별히 베드로후서 1장 20절의 '사사로이 풀지 말라'는 말을 인용해 성경의 해석은 오로지 교회와 교황만이 할 수 있다고 했다. 이러한 영향이 교회 안에도 없지 않다. 그래서 많은 성도들이 읽기는 하나, 성경을 연구하고 정확히 해석하는 일을 꺼려하거나 그것을 교역자의 일로 치부해버린다.

   1) 당신은 이 부분에 대해서 어떤 견해를 가지고 있는가? 성경 해석에 대한 각자의 마음가짐을 나누어 보자.

   _____

   _____

   -

   -

   2) 베드로후서 1장 20절의 의미에 대해 생각해 보고, 그 의미에 대한 권위 있는 견해들에 관하여 교역자의 강의를 들어 보자.

   _____

   _____

   -

   -

2. 해석에는 다음과 같은 중요한 원리가 있다.

   1) 문맥을 따라 해석하라.

   _____

   _____

   -

   -

2) 저자의 의도를 염두에 두고 해석하라.

_____

_____

- -

- -

- -

3) 가장 자연스러운 의미를 찾는다.

_____

_____

- -

- -

- -

3. 해석에 도움이 되는 자료들

1) 관주 및 성구 사전

_____

_____

- -

- -

2) 다른 번역 성경

_____

_____

- -

- -

3) 성경 사전

4) 기독교 백과사전

5) 국어사전

6) 건전한 주석서 및 강해서

7) 성경 지도

4. 해석의 과정은 다음과 같다.

1) 일반적인 해석의 단계

① 어려운 단어나 분명한 뜻을 알고자 하는 단어에 대한 정의

시편 23편 5절의 '상'은?

_____

_____

- -

- -

- -

창세기 6장 4절의 '네피림'의 뜻은?

_____

_____

- -

- -

- -

마가복음 4장 38절의 '고물'은 무엇인가?

_____

_____

- -

- -

- -

② 어려운 구절에 대한 설명

'통치자들과 권세들을 무력화하여 드러내어 구경거리로 삼으시고'(골로새서 2:15)

- -

- -

- -

③ 인명과 지명에 대한 연구

갈릴리 호수

- -

- -

- -

2) 질문에 대한 해결 과정으로서의 해석의 단계

① 질문 만들기

　귀납적 성경 연구는 발견의 논리이다. 해석의 과정을 통해 우리는 문제의식을 가지고 깊이 파고들어가며 우리의 판단력, 사고 능력 등을 발휘하게 된다. 관찰이 문제를 발견하기 위한 작업이라면, 해석은 관찰을 통해 만들어진 질문에 답해 가는 과정이다.

해석을 위한 질문 만들기 실습

마가복음 4:35~41

본문	해석 질문
35 그 날 저물 때에 제자들에게 이르시되 우리가 저편으로 건너가자 하시니	
36 그들이 무리를 떠나 예수를 배에 계신 그대로 모시고 가매 다른 배들도 함께 하더니	
37 큰 광풍이 일어나며 물결이 배에 부딪쳐 들어와 배에 가득하게 되었더라	
38 예수께서는 고물에서 베개를 베고 주무시더니 제자들이 깨우며 이르되 선생님이여 우리가 죽게 된 것을 돌보지 아니하시나이까 하니	
39 예수께서 깨어 바람을 꾸짖으시며 바다더러 이르시되 잠잠하라 고요하라 하시니 바람이 그치고 아주 잔잔하여지더라	
40 이에 제자들에게 이르시되 어찌하여 이렇게 무서워하느냐 너희가 어찌 믿음이 없느냐 하시니	
41 그들이 심히 두려워하여 서로 말하되 그가 누구이기에 바람과 바다도 순종하는가 하였더라	

② 질문 해결의 과정

● 성경의 저자이신 성령께 지혜를 구한다.

이 부분이야말로 해석의 실제적인 과정이다. 관찰의 과정이 끝나고, 해석의 과정에 들어가게 되면 이제부터 하나님이 주신 지혜와 그 동안 그리스도 안에서 얻게 된 총명과 분별력을 총동원하여 진리의 말씀 안으로 들어가는 과정이다. 이것은 때로는 기다림의 과정일 수도 있다. 우리가 기다리면 성령님은 반드시 가르쳐 주신다. 하늘로부터 내려 주시는 신령한 지혜와 은혜를 알지 못한다면 그러한 성경 연구는 별로 능력이 없을 것이다. 열심히 연구했는데 하나님의 음성을 듣지 못하고, 성령의 가르침을 받지 못했다면 그것이 무슨 소용이 있는가? 신령한 은혜가 있을 때 가르침과 깨달음, 통찰력, 이해의 부요함에 이르게 되는 것이다.

가) 기도(시편 119:18; 요한복음 14:26)

_____

_____

- -

- -

- -

나) 묵상(시편 119:97~100)

_____

_____

- -

- -

- -

● 성경은 성경으로 푼다.

가) 병행 구절을 살펴본다. 관주를 이용하면 좋다.

_____

_____

- -

- -

나) 전후 문맥과 배경을 살펴본다.

_____

_____

- -

- -

다) 성구 사전이나 주석 등을 참고한다.

_____

_____

- -

- -

해석을 위한 질문 답하기 실습

마가복음 4:35~41

1) 하루 일정이 어떠했기에 예수님은 폭풍 속에서도 주무실 만큼
   피곤하셨을까?

_____

_____

- -

- -

- -

2) 큰 광풍은 어느 정도였을까?

_____

_____

- -

- -

3) 왜 예수님은 제자들을 책망하셨을까?

_____

_____

- -

- -

4) 제자들의 호칭은 왜 이런가?

_____

_____

- -

- -

5) 여기서 말씀하시는 믿음의 특징은 무엇인가?

_____

_____

- -

- -

6) 38절의 두려움과 41절의 두려움의 차이는?

_____

_____

- -

- -

진정한 해석

하나님께서는 우리와 숨바꼭질을 하는 분이 아니시다. 하나님께서는 성경을 가지고 우리를 더욱 어리둥절하고 혼란스럽게 만드는 분이 아니시다. 하나님께서는 오히려 우리가 성경을 좀 더 잘 이해하기를 바라고 계신다.

문제는 '의미'가 무엇인가 하는 것이다. 예를 들어 설명해 보자. 나는 적록 색약이다. 그래서 적색과 녹색을 잘 분간하지 못한다. 당신이 나에게 스웨터 하나를 보여 주며, "교수님, 저는 이 녹색 스웨터가 너무 좋아요"라고 했다고 하자. 당신과 나는 같은 스웨터를 보고 있지만, 당신이 보는 색깔과 내가 보는 색깔은 같지 않을 것이다. 이러한 일들은 성경 해석에 있어서 늘 일어나는 일이다. 두 사람이 똑같은 구절을 읽고 전혀 다른 해석을 내릴 수 있다는 것이다. 어떤 때는 서로 상충되는 해석이 나올 수도 있다. 그렇다면 이 두 가지 해석이 다 맞는다는 말인가?

논리의 법칙이 성경 해석에는 적용되지 않는다면 그럴 수도 있을 것이다. 불행하게도 오늘날 많은 사람들이 그렇게 생각하고 있다. 그들은 본문이 붉은색이건 초록색이건 또 무슨 색이건 전혀 상관하지 않는다. 그들에게는 본문의 의미가 본문 속에 있지 않고, 본문에 대한 자신들의 반응에 놓여 있다. 따라서 '의미'는 순전히 주관적인 것이 되고 만다. 물론 그리스도인들 사이에 해석의 차이가 있을 수 있는 여지는 분명히 있다. 그러나 우리가 하나님의 말씀을 정확히 해석하기를 원한다면, 기본적인 전제로부터 시작해야 한다. '의미'는 주관적인 생각을 본문 속으로 집어넣은 것(eisegesis)이 되어서는 안 되고, 하나님의 객관적인 진리의 말씀이 본문으로부터 읽혀져 나와야 한다(exegesis). 어떤 사람이 말했듯이 성경을 공부하는 작업은 '하나님을 추구하는 자세로 하나님의 생각을 상고해 보는' 것이다.

– 하워드 핸드릭스 –

6
귀납적 성경 공부의 실제(3) : 적용

귀납적 성경 연구의 열매라고 하면 '적용'을 말할 수 있다.
아무리 관찰과 해석이 잘 이루어졌다 할지라도 적용이 안 된다면
그것은 소리 나는 구리요, 울리는 꽹과리가 되어버리고 만다.
우리가 성경 공부를 하고 있음에도 불구하고
우리의 삶이 변화되지 않고 있다면, 적용을 소홀히 했거나
적용을 무시한 결과라고 말할 수 있다.
적용은 '본문이 나에게 의미하는 바가 무엇인가'를 찾는 작업이다.
'본문을 나의 삶에 어떻게 구체적으로 적용할 것인가'를
찾는 과정을 말한다.
관찰을 통해서 발견하고, 해석을 통해서 이해한 진리들을
개인의 삶에 정확하게 투영해야만
귀납적 성경 공부의 목적이 달성되는 것이다.

1. "적용 없는 해석은 유산(流産)이다"라는 말이 있다. 예수님은 마태복음 산상수훈의 결론을 두 명의 집 짓는 자의 비유로 맺으셨다. 마태복음 7장 24~27절을 읽고, 이 두 사람의 공통점과 차이점을 이야기해 보면서 적용이 왜 중요한지 나누어 보자.

   _____
   _____
   _____
   -
   _____
   -
   _____
   -

2. 적용을 잘하려면 먼저 현재의 상황을 잘 파악해야 한다. 우리가 성경을 제대로 해석하기 위해서는 성경이 기록된 당시의 상황에 대해서 잘 알아야 하는 것처럼, 귀납적 성경 연구를 통해 발견한 진리를 오늘의 상황에 바로 적용시키기 위해서는 우리 자신에 대해서는 물론이거니와 우리가 사는 오늘날의 상황에 대해서도 관심을 가지고 잘 알아야 한다.

   1) 오늘날 인간은 물론, 시대를 알기 위해 얼마나 노력을 하고 있는지 함께 나누어 보자.

   _____
   _____
   _____
   -
   _____
   -
   _____
   -

2) 오늘날 우리가 관심을 가지고 알아야 할 것들은 무엇이 있는지 함께 나누어 보자.

_____

_____

- -

- -

- -

3. 말씀을 우리의 삶 속에 적용하는 데 있어서는 다음의 원리가 매우 중요하다.

1) 적용은 개인적(personal)이어야 한다.

_____

_____

- -

- -

2) 적용은 구체적(practical)이어야 한다.

_____

_____

- - - - - - - - - - - - · - - - - - - - - - - - - - - - - - - -

- -

3) 적용은 실천 가능한 것(possible)이어야 한다.

_____

_____

- -

- -

4) 적용은 점진적(progressive)이어야 한다.

_____

_____

- -

- -

4. 적용이란 단순한 도덕적 개선(改善)이나 양심의 각성과는 다른
   것이다. 단지 도덕책이나 종교 서적을 놓고 적용하는 것과 성경을
   연구 묵상하고 적용하는 것의 차이가 무엇인지 나누어 보자. (디
   모데후서 3:15~17)

_____

_____

- -

- -

- -

5. 적용은 먼저 묵상을 통한 깨달음에서부터 출발한다. 그러므로 적
   용하기에 앞서 우선적으로 해석의 과정을 통해 본문에서 깨달은
   것들을 정리해야 한다.

_____

_____

- -

- -

- -

6. 이제 다음과 같은 질문을 던지면서 적용하라.

1) 본문에서 나타난 하나님, 예수님, 성령님은 나에게 어떤 분으로 다가오는가? 삼위 일체 하나님은 나에게 어떤 영향을 미치게 될까?

_____

_____

- -

- -

2) 본문을 통해서 내 생활의 어떤 죄를 지적받고 있는가? 나는 내 죄를 구체적으로 어떻게 고백하고 용서를 구하며 돌아설 것인가?

_____

_____

- -

- -

3) 내가 따라야 할 본보기(examples)는 무엇인가? 내가 그것을 어떻게 구체적으로 따를 수 있을까?

_____

_____

- -

- -

4) 나를 위한 명령이나 충고나 경고가 있는가? 어떻게 실질적으로 그것들에 순종할 수 있을까?

_____

_____

- -

- -

5) 본문은 구체적으로 나에게 어떤 격려와 위로를 주는가?

_____

- -

- -

6) 나는 예수 믿는 사람들이나 믿지 않는 사람들과의 관계에 대해 무엇을 배웠으며, 앞으로 어떻게 인간관계를 형성해 나갈 것인 가?

_____

- -

- -

7) 하나님께 찬양하고 감사하고 싶은 내용은 없는가? 왜 그것이 나에게 찬양과 감사의 요인이 되는가?

_____

- -

- -

8) 나를 위한 약속은 무엇인가? 내가 이 약속들을 주장하기 전에 어떤 조건들을 행해야 할 것인가?

_____

- -

- -

9) 본문에 의거하여 내가 계획하고 간구해야 할 사항은 무엇인가?

_____

- -

- -

적용 실습

마가복음 4:35~41

본문	적용(깨달은 점, 느낀 점, 결심 등)
35 그 날 저물 때에 제자들에게 이르시되 우리가 저편으로 건너가자 하시니	
36 그들이 무리를 떠나 예수를 배에 계신 그대로 모시고 가매 다른 배들도 함께 하더니	
37 큰 광풍이 일어나며 물결이 배에 부딪쳐 들어와 배에 가득하게 되었더라	
38 예수께서는 고물에서 베개를 베고 주무시더니 제자들이 깨우며 이르되 선생님이여 우리가 죽게 된 것을 돌보지 아니하시나이까 하니	
39 예수께서 깨어 바람을 꾸짖으시며 바다더러 이르시되 잠잠하라 고요하라 하시니 바람이 그치고 아주 잔잔하여지더라	
40 이에 제자들에게 이르시되 어찌하여 이렇게 무서워하느냐 너희가 어찌 믿음이 없느냐 하시니	
41 그들이 심히 두려워하여 서로 말하되 그가 누구이기에 바람과 바다도 순종하는가 하였더라	

7. 이제 적용한 말씀을 놓고 회개와 감사와 결단의 기도를 하나님 앞에 드린다.

71

사역훈련 III

적용을 위한 성경 공부

대부분의 성경 공부 방법은 성경이 말하는 것이 무엇이고, 그것이 무엇을 의미하는지를 강조한다. 그러나 성경은 문맥 가운데서 읽어야 하며, 성경 공부를 통해 삶에 적용할 분명한 가르침을 얻을 수 있어야 한다.

성경 공부 시간의 대부분을 적용하는 데 보내라. 공부할 성경 본문을 선택할 때 그룹 성경 공부에 적합한 말씀을 택하되, 묵상과 기도를 통해 어떻게 그 진리들을 생활에 적용할 것인가를 연구하는 데 시간을 사용하라. 관찰한 것들을 나누면서 서로에게 사랑과 선행을 격려하도록 토론하라. (히브리서 10:24, 25)

– 빌 도나휴 –

7
소그룹 커뮤니케이션 : 질문과 경청

소그룹을 잘 이끌어 가기 위해서는
커뮤니케이션을 제대로 할 수 있는 역량을 갖추어야 한다.
커뮤니케이션은 소그룹 지도자에게 필요한 핵심 역량 가운데 하나다.
소그룹에서 우리는 하나님의 음성을 듣기 원한다.
동시에 하나님의 말씀에 우리의 마음을 담아 응답하며,
소그룹에 참여한 형제 자매들과 진실하게 의사소통 하기를 원한다.
더불어 잃어버린 바 된 세상을 향해
그리스도의 메시지를 전하는 것도 소그룹의 중요한 역할이다.
이러한 모든 관계 속에서
커뮤니케이션이 원활하게 이루어지도록 하는 것이
소그룹 지도자의 책임이다.
커뮤니케이션의 기술은 크게 두 가지 단계로 나눌 수 있다.
하나는 '질문'이고, 다른 하나는 '경청'이다.
적절한 질문은 서로를 더 잘 알아가도록 돕고,
자신의 의견을 말할 수 있는 기회를 제공한다.
함께 진리를 발견하며 진리에 대해 적절한 반응을 할 수 있도록 돕는다.
또한 경청은 마음을 열고 신뢰의 관계를 쌓아가도록 돕는 열쇠다.
잠언 기자는 우리에게, 사연을 듣기 전에 대답하는 자는
미련하여 욕을 당한다고 충고하고 있다.
경청하지 않고 가르치고자 하는 것은
의사가 진단도 하기 전에 처방을 하는 것과 같다.
이 시간에는 경청과 질문의 원리와 실제를 정리한다.

1. 하워드 헨드릭스는 "좋은 지도자는 좋은 대답을 가지고 있는 사람이 아니라 좋은 질문을 가지고 있는 사람"이라고 했다. 좋은 질문이야말로 삶의 변화를 이끌어 내는 소그룹의 핵심 역량이다. 좋은 질문이 주는 유익에 대해서 정리해 보라.

1) 학습 방향과 분위기를 좌우하는 요소

2) 진리를 깨닫게 하는 길잡이

3) 성령의 인도하심에 민감하게 하는 자극제

4) 형제 자매들을 이해하고 평가하는 기술

2. 좋은 질문은 다음과 같은 조건을 갖추어야 한다. 왜 그런지 그 이
   유를 설명해 보라.

   1) 명료해야 한다.

   _____

   _____

   -

   -

   2) 교재 내용과 연관성이 있어야 한다.

   _____

   _____

   -

   -

   3) 토의에 자극을 줄 수 있어야 한다.

   _____

   _____

   -

   -

   -

   4) 개방적이어야 한다.

   _____

   _____

   -

   -

   -

3. 소그룹을 잘 이끌기 위해서는 다음 세 가지 유형의 질문에 대해서
   잘 이해하고 활용해야 한다. 세 가지 유형에 대해서 정리해 보라.

   1) 닫힌 질문

   _____

   _____

   _____

   -

   -

   -

   2) 제한하는 질문

   _____

   _____

   _____

   -

   -

   -

   -

   3) 열린 질문

   _____

   _____

   -

   -

   -

   -

4. 질문을 하는 목적이 단순히 좋은 토론을 이끌어 내기 위해서만은 아니다. 질문의 궁극적인 목적은 사람들로 하여금 변화를 경험하도록 돕기 위한 것이다. 삶의 변화를 이끌어 내는 질문을 하기 위해 소그룹에서 사용 가능한 다양한 질문 방법에 익숙해질 필요가 있다. 다음에 열거된 다양한 질문의 예를 살펴보라.

1) 시작을 돕는 질문

2) 토론을 이끄는 질문

3) 사실을 확인하는 추가 질문

4) 요약하는 질문

5) 적용하는 질문

_____

_____

- -

- -

- -

6) 역 질문 / 릴레이 질문

_____

_____

- -

- -

- -

5. 경청이란 무엇이며, 공감적 경청이 지닌 특징은 어떤 것인지 검토
하자.

1) 존 파웰은 진정한 경청을 다음과 같이 정의한다. "진정한 경청
은 언어의 이면을 꿰뚫어 언어 속에 숨은 뜻을 이해하고 그 언
어를 통해 자신을 드러내는 상대방을 발견하는 것이다." 이 정
의에 대해서 자신의 생각을 나눠 보라.

_____

_____

- -

- -

- -

- -

2) 남의 말을 듣지 않고 자기 이야기만 하는 사람은 귀머거리나 다
　 름 없다는 말이 있다. 혹시 대화 속에서 상대방의 이야기를 진
　 지하게 듣지도 않고 자신의 이야기만 하려다 어려움을 겪은 적
　 은 없는가? 그럴 때 어떤 느낌이 들었는지 나눠 보라.

---

3) 경청에는 다섯 단계가 있다고 한다. 다음 도표를 보면서 경청의
　 단계를 정리해 보라.

5. 공감적 경청	상대방의 패러다임
4. 주의 깊은 경청	
3. 선택적 경청	나의 패러다임
2. 경청을 가장함	
1. 무시함	

---

4) 다섯 단계 중에서 당신이 직장이나 가정, 소그룹에서 가장 많이
　 경험하는 경청의 수준은 어떤 것인가? 어떻게 하면 공감적 경
　 청의 단계로 나아갈 수 있겠는가?

---

6. 경청을 제대로 하게 되면 소그룹에서 많은 유익을 경험하게 된다. 다음에 열거된 몇 가지 유익에 대해 정리해 보라.

    1) 경청은 상대방에게 신뢰를 쌓을 수 있는 가장 큰 저축이다.

    2) 경청은 상대방을 인정하는 것이다.

    3) 경청에서 좋은 질문이 나온다.

7. 좋은 경청자가 되는 몇 가지 방법에 대해 정리해 보라.

    1) 제대로 들을 수 있는 자세와 시선을 가지라.

2) 눈과 마음과 귀를 통해 들으라.

커뮤니케이션 학자들은 우리가 하는 말은 정말 전하고자 하는 메시지의 7%만을 전달할 뿐이라고 한다. 나머지 93%는 전달자의 음성과 어조, 표정, 제스처 등에 실려 전달된다는 것이다. 그러므로 사람들이 하는 말만을 피상적으로 듣는 것은 그야말로 빙산의 전체를 헤아리지 못하고 수면 위에 드러난 빙산의 일각만을 보는 것과 같다.

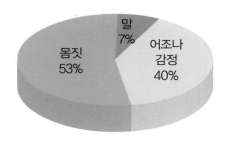

- - - - - - - - - - - - - - - - - - - -
- - - - - - - - - - - - - - - - - - - -

3) 경청을 방해하는 장애물을 제거하라.

- - - - - - - - - - - - - - - - - - - -
- - - - - - - - - - - - - - - - - - - -

4) 의문 나는 부분은 질문하라.

- - - - - - - - - - - - - - - - - - - -
- - - - - - - - - - - - - - - - - - - -

5) 섣불리 판단하지 않도록 하라.

_____

- -

- -

- -

6) 격려하라.

_____

- -

- -

- -

8. 경청한다는 것은 매우 힘든 노동이다. 다음 연습을 통해 제대로 경청을 하는 것이 얼마나 어려운 것인지, 경청할 때 어떤 일이 일어나는지를 실감할 수 있을 것이다. 잠시 두 사람씩 짝을 지어 논쟁의 소지가 있는 주제를 가지고 다음 형식을 가지고 3분간 열띤 토론을 해보라.

1) 한 사람이 해당 주제의 한쪽 면만을 격렬하게 옹호하라. 다른 한 사람은 반대 입장에서 역시 격렬하게 주장하라.
2) 당신이 그 주제에 대해서 실제로 어떻게 생각하는지는 중요하지 않다. 이것은 단지 경청을 위한 연습일 뿐이다.
3) 상대편의 이야기에 반대 의견을 말하기 전에 반드시 당신 자신의 말로 상대방의 주장을 요약해서 이야기해 보라. 당신이 요약한 상대방의 의견에 대해 상대방이 맞다고 인정을 한 후에야 당신은 비로소 당신의 의견인 반대 입장을 제시할 수 있다.

4) 3분간의 토론 뒤에 경청에 대해 무엇을 느끼고 깨달았는지 함
께 나누어 보라.

---

9. 경청과 질문에서 가장 중요한 것은 기술이 아니다. 상대방을 이해
하고 사랑하는 마음이다. 경청과 질문의 역량 가운데 소그룹 지도
자로서 당신에게 개발이 필요한 구체적인 영역은 무엇이며, 어떻
게 발전시켜 나갈 것인지를 함께 나눠 보라.

경청의 힘

"누군가가 당신의 말을 사랑의 마음으로 주의 깊고 정중하게 들어줄 때 어떤 기분이 듭니까?"

이것은 내가 기도나 결혼, 일반적 관계에 관한 세미나를 인도할 때마다 던지는 질문이다. 그에 대한 반응들은 대개 이렇다. "내가 소중한 존재라고 느껴집니다." "위안을 얻습니다." "힘든 상황 속에서도 꿋꿋이 살아갈 수 있는 자신감이 생깁니다." "내가 사랑 받고 있다는 느낌을 받습니다."

"내가 사랑받고 있다는 느낌을 받습니다." 이 얼마나 놀라운 반응인가! 누군가가 우리의 말에 귀 기울여 주고 , 경청하며, 관심을 보이면, 우리는 깊이 사랑받고 있음을 느낀다. 스위스의 정신과 의사인 폴 트루니에가 말했듯이 "이해받고 있다고 느끼는 사람은 사랑받고 있다고 느끼고, 사랑받고 있다고 느끼는 사람은 이해받고 있다"고 확신한다.

이 말은 다른 사람의 말에 귀를 기울인다는 것은 그 사람에게 천만금을 주고도 바꿀 수 없는 선물을 줄 수 있다는 뜻이다. 그러나 그런 선물을 주기란 생각만큼 쉽지 않다. 남의 말을 들어주는 것은 쉬운 일이 아니기 때문이다. 그러므로 듣는 것은 배우고 또 배우며 계속 발전시켜야 하는 일종의 기술이다.

– 조이스 허기트 –

8

소그룹 교재 인도법

이 시간에는 소그룹으로 모이는 다락방이나 구역에서
귀납적으로 성경을 공부 하려 할 때
인도자가 사전에 교재를 어떻게 준비하고 나가는 것이
좋은가를 다루어 보려고 한다.
여기에 사용되는 교재는 국제제자훈련원에서 출간한
소그룹 성경 공부 시리즈 중 일부를 발췌한 것이다.
인도자는 아무리 능력이 탁월하고 경험이 많다 하더라도
반드시 교재 내용을 자신이 먼저 공부하면서 준비를 해야 한다.
성경 공부는 약장사가 약 팔아 먹듯이 할 수 없는 것이다.
그렇게 한다면 그 자리에서는
성령의 능력을 맛볼 수 없을 것이다.
또한 하나님의 음성도 들을 수 없을 것이다.
인도자가 말씀의 도구가 되기 위해서는
자신이 먼저 말씀 앞에서
은혜를 받아야 하고
성령의 지혜를 얻어야 한다.

준비와 시작

1. 공부를 시작하기 전에 모인 사람들과 무슨 이야기를 나누고 싶은가? 그리고 미리 준비할 일은 없는가?

_____

_____

- -

- -

2. 모임을 어떻게 시작하는 것이 좋은가?

찬양

_____

_____

- -

- -

기도 인도

_____

_____

- -

- -

특별히 강조하고 싶은 것이 있다면

_____

_____

- -

- -

3. 교재를 다루기 직전에 할 일은 없는가?

출석과 헌금

예습 점검

숙제가 있으면

할 수 있으면 큐티 나눔은

교재 공부

빌립보서 2:5~11

예수님의 마음

 마음의 문을 열며

바울은 한 마음을 가지고 주의 일을 힘쓰는 자들이 되라고 교훈하면서 놀라운 진리를 언급하고 있다. 예수님의 마음에 관한 것이다. 예수님이 세상에서 어떤 마음가짐을 가지고 하나님께 순종하셨는가를 주목하라는 것이다. 그러면 우리 모두가 예수님을 겸손의 모범으로, 섬김의 모범으로, 순종의 모범으로 삼고 선한 일에 힘쓰는 자가 될 수 있다는 것이다. 예수님의 마음을 가지고 신앙 생활을 하는 자가 바로 예수의 제자요, 작은 그리스도가 될 수 있다는 것이다. 이것은 우리가 실천하기에 대단히 어려운 말씀이다. 그렇다고 도망갈 수도 없는 명령이다. 성령의 도우심을 간절히 구하면서 공부하도록 하자.

 말씀의 씨를 뿌리며

1. 5절의 말씀을 여러 번 반복해서 외우고 묵상하라. 무엇보다 '너희' 대신에 '너'라는 말로 바꾸고 암기해 보라. 그리고 깨달은 것을 말해 보라.

2. 예수님은 본래 어떤 분이신가? (참고: 요한복음 1:1~4; 골로새서 1:15; 히브리서 1:1~3)

6절

_____   - - - - - - - - - - - -
_____   - - - - - - - - - - - -
_____   - - - - - - - - - - - -
_____   - - - - - - - - - - - -
_____   - - - - - - - - - - - -

3. 마음이라는 말은 생각과 행동을 유발하는 내면의 의식을 가리킨다. 6절을 다시 보라. 예수님은 어떤 생각을 하고 계셨는가?

_____   - - - - - - - - - - - -
_____   - - - - - - - - - - - -
_____   - - - - - - - - - - - -
_____   - - - - - - - - - - - -
_____   - - - - - - - - - - - -

4. 그리고 자신의 생각에 따라 예수님이 행동으로 옮기신 세 가지는 무엇인가?

7, 8절

_____   - - - - - - - - - - - -
_____   - - - - - - - - - - - -
_____   - - - - - - - - - - - -
_____   - - - - - - - - - - - -
_____   - - - - - - - - - - - -
_____   - - - - - - - - - - - -

5. 예수님이 하늘에서 땅으로, 영광에서 부끄러움으로, 주 되심에서 종 되심으로, 생명에서 죽음으로 자기를 비우고, 낮추고, 순종하신 목적이 어디에 있는가? 마태복음 20장 28절의 말씀을 가지고 대답하라.

_____ -
_____ -
_____ -
_____ -
_____ -
_____ -
_____ -

6. 이와 같은 예수님의 생각과 행동을 우리의 모범으로 삼을 수 있다고 생각하는가? 그 표준이 너무 높아서 아무도 그를 따를 수 없다고 생각하지는 않는가? 그런데 하나님은 왜 이런 표준을 우리에게 요구하시는 것일까?

_____ -
_____ -
_____ -
_____ -
_____ -
_____ -
_____ -

7. 우리가 예수님의 마음을 갖는 자가 되기 위해서는 무엇보다 구원의 은혜에 대한 깊은 감격이 있어야 한다. 나 같은 죄인을 구원하

시려고 하나님의 아들이 얼마나 비천한 자리까지 낮아 지셨고 얼마나 엄청난 값을 대신 치르셨는가를 가슴이 저리도록 깨닫게 되면 그 순간부터 예수님의 마음이 우리 안에 조금씩 자리를 잡아가기 시작하는 것을 체험하게 될 것이다. 당신에게 이런 은혜가 있는가?

_____ -
_____ -
_____ -
_____ -
_____ -
_____ -
_____ -

8. 우리가 예수님의 마음을 소유하기 위해서 또 한 가지 명심해야 할 것이 있다. 그것은 날마다 예수님을 닮기 위해 그를 배우며 순종하려고 최선을 다하는 것이다. 다시 말해 예수님처럼 되고 예수님처럼 살고자 하는 뜨거운 갈망을 가지고 신앙 생활을 하는 것이다. 성령은 이런 자를 기꺼이 도와주신다. 당신에게 이런 갈망이 있는가? 그 갈망이 얼마나 뜨거운가? (히브리서 12:2, 3)

_____ -
_____ -
_____ -
_____ -
_____ -
_____ -

9. 하나님은 낮은 자리에서 우리를 섬기다 희생을 당하신 예수님을 어떻게 높이셨는가? 9~11절을 가지고 그 내용을 쉬운 말로 설명해 보라.

_____   - - - - - - - - - - - - - - - - -
_____   - - - - - - - - - - - - - - - - -
_____   - - - - - - - - - - - - - - - - -
_____   - - - - - - - - - - - - - - - - -
_____   - - - - - - - - - - - - - - - - -
_____   - - - - - - - - - - - - - - - - -
_____   - - - - - - - - - - - - - - - - -

 삶의 열매를 거두며

예수님을 보면 베드로전서 5장 6절의 말씀이 하나님의 거짓 없는 약속임을 알 수 있다. 장차 하나님이 우리를 높여 주시는 그 날이 있다는 믿음과 소망을 가진 사람은 교회 안에서 주님의 마음을 가지고 다른 형제(자매)들을 섬길 수 있다. 예수님이 부끄러운 십자가 너머에서 기다리는 영광을 주목하셨던 것처럼 하나님이 높여 주시는 그날의 영광에 우리의 눈을 고정 시키고 사는 사람은 예수님처럼 낮아지고 섬기고 죽을 수 있다. 당신은 이 말에 동의하는가? 그렇다면 지금 당장 실천하고 싶은 일이 무엇인지 말하라.

실습을 통한 발전

귀납적으로 성경 공부를 잘 인도할 수 있는 기술을 향상시키기 위해서는 많이 보고 많이 실습하는 것 이상 좋은 방법이 없다. 유능한 인도자가 인도하는 다락방을 자주 참관하라. 다소 싫어하는 기색이 있어도 얼굴에 철판을 깔고 눈이 뜨일 때까지 자주 가서 유심히 관찰하면서 배우는 것이 좋다. '나라면 이런 경우 어떻게 할까?' '저 순장과 나는 다른 점이 무엇인가?' '어떤 점에서 내가 배워야 하는가?' '나에게 제일 부족한 것이 무엇인가?'

이와 같은 질문들을 가지고 계속 관찰하면서 배우고, 돌아와서는 지체하지 말고 배운 대로 실습을 하면 얼마 안 가 괄목할 만큼 발전하게 될 것이다.

– 옥한흠 –

9
소그룹 견습과 평가

소그룹에서 성경 공부를 귀납적으로 인도한다는 것은
절대로 쉬운 일이 아니다.
어떤 점에서는 상당한 경험과 기술을 요하는 사역이라고 할 수 있다.
이것은 설교가 아니다. 그렇다고 강의도 아니다.
물론 일종의 토의도 아니다.
그러므로 이론을 아는 데서 만족해서는 안 된다.
우리가 훌륭한 리더가 되기 위해 이용할 수 있는
가장 손쉬운 방법은 다른 사람이 소그룹을 인도하는 현장에 가서
리더의 모든 것을 예민하게 관찰하고 분석하는 것이다.
그리고 자기와 비교하고 좋은 점이 있으면 모방하려고 노력하는 것이다.
이러한 목적을 달성하기 위해 이 과에서는
먼저 비디오를 통해 견습을 하고 자신이 관찰한
모든 것을 정리하는 기회를 마련하였다.
견습하는 과정에서 자신이 리더로서
배워야 할 점을 메모해 두었다가
평가 시간에 함께 나눌 수 있도록 하라.

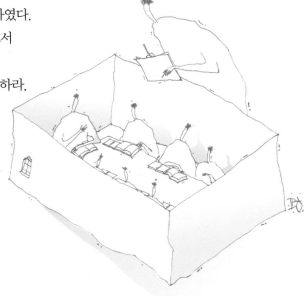

Ⅰ. 시작은 어떻게?

1. 비디오를 통해 견습한 소그룹의 전체적인 분위기는 어떻게 느껴졌는가?

_____

_____

_____

_____

2. 시작은 어떻게 하였는가?

_____

_____

_____

_____

3. 주제 제기는 어떻게 하였는가?

_____

_____

_____

_____

Ⅱ. 본문은 어떻게?

4. 관찰, 해석, 느낌, 적용 질문은 어떻게 하였는가?

_____

_____

_____

_____

5. 공감적으로 경청했는가?

_____

_____

_____

_____

6. 성경을 공부할 동안 예상치 못한 문제(난처한 질문, 견해 차이, 대화를 독점하는 일 등)가 생겼을 때 리더는 어떻게 처리하였는가?

_____

_____

_____

_____

7. 리더가 성경 공부를 인도하는 방법이 귀납적이라고 할 수 있었는가?

도입 질문은 구성원들에게 이번 과를 공부해야겠다는 충분한 동기부여가 되었는가?

_____

_____

_____

관찰, 해석, 느낌, 적용 질문의 유형별로 시간안배를 잘 했는가?

_____

_____

_____

_____

질문을 던진 후 구성원들의 대답에 공감적으로 경청했는가?

_____

_____

_____

대답이 부족한 부분에 대해서 추가 질문을 던져 구성원들 스스로가 발
견의 기쁨을 누리도록 이끌었는가?

_____

_____

_____

성경 지식을 공부하는 데서 그치는 것이 아니라 그 성경 지식이 오늘날
나와 무슨 관계가 있는지에 대해 함께 삶을 오픈하며 적용하도록 이끌
어주었는가?

_____

_____

_____

_____

적용을 심화시켜 각자가 구체적인 삶의 대안을 찾도록 안내해 주었는가?

_____

_____

_____

_____

8. 참석한 사람들의 호응도는 어느 정도였는가?

_____

_____

_____

_____

9. 리더의 성경 지식과 영감은 어떠하였는가?

_____

_____

_____

_____

_____

III. 마무리는 어떻게?

10. 이번 과의 핵심적인 주제들이 요약되어 다루어졌는가?

_____

_____

_____

_____

_____

11. 이번 과를 공부하면서 결단한 내용들을 나눌 기회를 가졌는가?

_____

_____

_____

_____

_____

12. 성령님께서 깨닫게 해주신 내용을 붙잡고 기도할 수 있도록 기
    도제목을 잘 정리해 주었는가?

    _____

    _____

    _____

    _____

13. 당신이 소그룹을 이끈다면 견습한 리더로부터 어떤 점을 본받고
    어떤 점을 고치고 싶다고 생각하는가?

    _____

    _____

    _____

    _____

14. 만일 당신이 아직 리더가 아니라면 자신의 소그룹 리더 가능성
    에 대해 어떻게 생각하는가?

    _____

    _____

    _____

    _____

10
소그룹 실습과 평가

이번에는 각자가 배정받은 구역이나 다락방으로 가서 주어진 교재를 가지고
한 시간 성경 공부를 인도하는 기회를 가지려고 한다.
물론 귀납적인 방법으로 인도를 하여야 한다.
이론을 배우고 남이 하는 것을 관찰하는 것은 쉽다.
그러나 자신이 실제로 모임을 인도한다는 것은 대단히 어려운 일이다.
잘못하면 교실에서 수영에 대해 강의를 듣고
수영장에서 남이 헤엄치는 것을 열심히 관찰한 사람이
막상 물 속에 들어가면 비명을 지르는 것과 같은 사태가 일어날지 모른다.
어떤 일이 있어도 한 번은 실습을 해보아야 한다.
시작이 없는 과정이란 있을 수 없지 않은가?
한 가지 안심해도 좋은 것은 당신이 오랫동안 제자반과 사역반을 통한
제자훈련을 받으면서 소그룹 성경 공부가 당신도 모르는 사이에
몸에 배었을 것이라는 점이다.
그래서 막상 가르쳐야 할 현장에 가면
몸에 배인 대로 말하고 행동할 것이 틀림없다.
그리고 기도를 많이 하고 가면
하나님이 준비하신 여호와 이레의 은혜가
기다리고 있다는 것을 발견할 것이다.
실습을 하고 나서 하룻밤을 넘기기 전에
반드시 평가서를 써야 한다.
느낌을 하루 지나서 쓰면
진짜 맛을 잃어버리기 쉽기 때문이다.

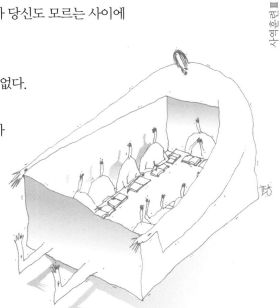

1. 자신이 실습한 구역이나 다락방에 대해 다음 사항을 적으라.

구역/다락방 이름: _____

구역장/순장: _____

모임 일시

_____

참석 인원

_____

교재 제목

_____

2. 실습을 하기 위해 어떻게 준비를 하고 가는가? 가급적이면 자세하게 기록하라.

교재 예습

_____

_____

_____

_____

보조 질문 만들기, 시나리오 작성

_____

_____

_____

_____

기도 준비

찬양 선곡

기타

---

3. 실습을 하러 갈 때 특별히 무슨 생각이나 느낌이 있었으면 말하라.

---

4. 모임에서 처음 받은 분위기의 느낌은 어떠했는가?

---

5. 공부를 인도하면서 무엇이 가장 힘들게 느껴졌는가?

_____

_____

6. 공부를 인도하는 중에 갑자기 당황한 일이 있었는가? 있었다면 무
   엇 때문에 그랬는지 말하라.

_____

_____

_____

_____

7. 공부를 인도하면서 자신이 특별히 받은 은혜가 있었다면 자세하
   게 말하라.

_____

_____

_____

8. 실습을 하는 중 자신에 대해 전에 몰랐던 면을 발견한 것이 있는가?

_____

_____

_____

9. 실습을 통해 자신이 어떤 점에서 많이 부족하다고 생각하였는가?
   그리고 그렇게 판단하게 된 이유를 설명하라.

_____

_____

_____

10. 실습을 통해 발견하게 된 자신의 가장 큰 장점이나 은사가 있다면, 그것은 무엇인가? 그리고 왜 그것을 장점이라고 판단하였는지 설명하라.

_____

_____

_____

_____

11. 공부에 참석한 형제(자매)들의 반응은 대체로 어떠했는가?

_____

_____

_____

_____

12. 결론적으로 당신은 말씀을 가지고 소그룹을 인도할 리더가 될 수 있다고 보는가? 만일 그렇지 않다면 그 이유를 분명하게 말해 보라.

_____

_____

_____

_____

부록

성경 읽기 안내

주	구분	사역훈련	1일	2일	3일	4일	5일	6일	7일
1주		오리엔테이션	창 1~2	3~5	6~9	10~11	12~14	15~17	18~20
2주		1-1	21~24	25~26	27~31	32~36	37~40	41~44	45~47
3주		1-2	48~50	마 1~4	5~7	8~11	12~15	16~19	20~23
4주		1-3	24~25	26~28	출 1~2	3~6	7~10	11~12	13~15
5주		1-4	16~18	19~20	21~24	25~27	28~31	32~34	35~40
6주		1-5	막 1~3	4~7	8~10	11~13	14~16	레 1~3	4~7
7주		1-6	8~10	11~15	16~17	18~20	21~23	24~27	눅 1~2
8주		2-1	3~6	7~9	10~12	13~15	16~18	19~21	22~24
9주		2-2	민 1~4	5~8	9~12	13~16	17~20	21~25	26~30
10주	1학기	2-3	31~33	34~36	요 1~2	3~5	6~8	9~12	13~17
11주		2-4	18~21	신 1~4	5~7	8~11	12~16	17~20	21~26
12주		2-5	27~30	31~34	수 1~5	6~8	9~12	13~17	18~21
13주		2-6	22~24	삿 1~5	6~8	9~12	13~16	17~21	룻 1~4
14주		2-7	행 1~4	5~7	8~9	10~12	13~15	16~18	19~20
15주		2-8	21~23	24~26	27~28	삼상 1~3	4~8	9~12	13~15
16주		2-9	16~19	20~23	24~26	27~31	삼하 1~4	5~7	8~10
17주		2-10	11~14	15~18	19~20	21~24	롬 1~3	4~5	6~8
18주		3-1	9~11	12~16	왕상 1~4	5~8	9~11	12~16	17~19
19주		3-2	20~23	왕하 1~3	4~8	9~12	13~17	18~21	22~25
20주		3-3	대상 1~9	10~16	17~21	22~27	28~29	대하 1~5	6~9
21주		3-4	10~12	13~16	17~20	21~25	26~28	29~32	33~36
22주		방-1	고전 1~6	7~10	11~14	15~16	스 1~3	4~6	스 7~10 / 고후 1~9
23주		방-2	고후 10~13	느 1~2	3~4	5~7	8~10	느 11~13	갈 1~6 / 에 1~7
24주		방-3	에 8~10	욥 1~3	4~7	8~10	11~14	15~17	욥 18~28
25주		방-4	욥 29~31	32~34	35~37	38~39	40~42	시 1~6	시 7~30
26주	방학	방-5	시 31~36	37~41	42~49	50~54	55~59	60~66	67~89
27주		방-6	시 90~97	98~103	104~106	107~110	111~118	119	시 120~145
28주		방-7	시 146~150	잠 1~4	5~9	10~13	14~17	18~21	잠 22~31 / 전 1~6
29주		방-8	전 7~12	아 1~8	엡 1~6	사 1~4	5~7	8~12	13~20
30주		방-9	사 21~23	24~27	28~30	31~35	36~39	40~43	44~48
31주		3-5	사 49~51	52~57	58~62	63~66	빌 1~4	렘 1~3	4~6
32주		3-6	7~10	11~15	16~20	21~25	26~29	30~33	34~39
33주		3-7	40~45	46~49	50~52	골 1~4	애 1~5	살전 1~5	겔 1~6
34주		3-8	7~11	12~15	16~19	20~23	24~28	29~32	33~36
35주		3-9	37~39	40~43	44~48	살후 1~3	단 1~3	4~6	7~12
36주	2학기	3-10	딤전 1~6	호 1~3	4~6	7~8	9~11	12~14	딤후 1~4
37주		특강1	욜 1~3	딛 1~3	암 1~2	3~5	6~7	8~9	몬
38주		특강2	옵	히 1~2	3~4	5~7	8~10	11~13	욘 1~4
39주		특강3	약 1~5	미 1~2	3~5	6~7	벧전 1~5	나 1~3	벧후 1~3
40주		특강4	합 1~3	요일 1~5	습 1~3	요이	학 1~2	요삼	슥 1~2
41주		특강5	3~4	5~6	7~8	9~11	12~14	유	말 1~4
42주		특강6	계 1~3	4~6	7~9	10~13	14~16	17~19	20~22

성경 암송 구절

주제	과	소제목	성구	
1권 성령, 새 생활의 열쇠	1	정죄는 끝났다	로마서 8:1~4	
	2	영의 생각을 하는 사람	로마서 8:5~11	
	3	몸의 행실을 죽이는 사람	로마서 8:12~16	
	4	고난과 영광을 함께 받는 후사	로마서 8:17~25	
	5	확실한 두 가지 보증	로마서 8:26~30	
	6	아무것도 끊을 수 없는 관계	로마서 8:31~39	
2권 교회와 평신도의 자아상	1	교회란 무엇인가?	에베소서 2:19, 20	복습 1
	2	교회의 존재 이유(1): 예배	요한복음 4:23, 24	복습 2
	3	교회의 존재 이유(2): 훈련	에베소서 4:11~13	복습 3
	4	교회의 존재 이유(3): 증거	베드로전서 2:11, 12	점검 시험 1~3
	5	제자의 자격(1): 전적 위탁자	누가복음 14:26, 27, 33	복습 4
	6	제자의 자격(2): 증인	누가복음 24:46~48	복습 5
	7	제자의 자격(3): 종	고린도후서 4:5	복습 6
	8	몸의 지체와 상호 사역	골로새서 3:16, 17	점검 시험 4~6
	9	사역의 장을 찾으라	베드로전서 4:10	복습 1
	10	당신은 왕 같은 제사장이다	베드로전서 2:9	복습 2
3권 소그룹 환경과 리더십	1	소그룹 성경 공부의 교육 환경	히브리서 10:24, 25	복습 3
	2	소그룹 성경 공부와 리더십	데살로니가전서 2:7, 8	점검 시험 1~3
	3	귀납적 성경 연구 개관	시편 1:1, 2	복습 4
	4	귀납적 성경 공부의 실제(1): 관찰	이사야 34:16	복습 5
	5	귀납적 성경 공부의 실제(2): 해석	야고보서 1:5	복습 6
	6	귀납적 성경 공부의 실제(3): 적용	히브리서 3:13	점검 시험 4~6
	7	소그룹 커뮤니케이션: 질문과 경청	잠언 18:13	점검 1~3
	8	소그룹 교재 인도법	디모데전서 4:12	점검 4~6
	9	소그룹 견습과 평가	히브리서 13:7	점검 1~6
	10	소그룹 실습과 평가	디모데후서 2:2	점검 1~6

과제물 점검표

제　　기　　사역　　반

이름

☆: 점검표시　　○: 과제물을 빠짐없이 했을 때　　△: 일부부만 했을 때　　×: 전혀 하지 못했을 때

날짜	교재 내용	예습	QT	성구 암송	성경 읽기	특별 과제	점검자

마치며

어떤 사람들은 영적인 훈련을 '은혜의 수단'이라는 말로 언급하여 새롭게 생각하기도 했다. '은혜의 수단'이라는 말은 그런 거룩한 습관들이 그 자체가 목적이 아니라 단지 하나님과 교제를 나누는 데 필요한 수단임을 의미한다. 목적과 수단은 항상 함께 병행되는 것이지만 혼동되어서는 안 된다.

영적인 훈련은 그 자체가 목적이 아니다. 그런 영적 훈련들은 우리가 하나님을 더 알아 가는 수단일 뿐 그 자체가 목적을 지니는 것이 아니다. 우리는 그런 영적인 훈련을 통해서 하나님께서 우리를 그의 성품에 따라 만들어 주시기를 기대해야 하고, 우리의 사역을 위하여 훈련하시도록 해야 한다.

우리가 그런 훈련을 적당히 사용하기만 하면 그야말로 은혜의 수단이 되어 우리가 그의 제자로서 살고자 할 때 하나님께서 우리를 통해 일하시는 통로가 될 수 있다.

알란 코페지